El Día de Martin Luther King Jr.

Mir Tamim Ansary

Traducción de Patricia Abello

Heinemann Library
Chicago, Illinois

Customer service 888-454-2279
Visit our website at www.heinemannlibrary.com

Printed and bound in the United States by Lake Book Manufacturing, Inc.

07 06 05 04 03
10 9 8 7 6 5 4 3 2 1

Library of Congress Cataloging-in-Publication Data
Ansary, Mir Tamim.
   [Martin Luther King Jr. Day. Spanish]
   El Día de Martin Luther King, Jr. / Mir Tamim Ansary ; traducción de Patricia Abello.
      p. cm. — (Historias de fiestas)
   Summary: Introduces Martin Luther King, Jr., Day, explaining the historical events
behind it, how it became a holiday, and how it is observed.
   Includes bibliographical references (p.) and index.
   ISBN 1-4034-3004-7 (HB), 1-4034-3027-6 (pbk.)
1. Martin Luther King, Jr., Day—Juvenile literature. 2. King, Martin Luther, Jr.,
1929–1968—Juvenile literature. [1. Martin Luther King, Jr., Day. 2. King, Martin Luther,
Jr., 1929–1968. 3. Civil rights workers. 4. Clergy. 5. African Americans—Biography. 6.
Holidays. 7. Spanish Language materials.] I. Title.
E 185.97.K5 A7818 2003
394.261—dc21

2002038710

Acknowledgments
The publisher would like to thank the following for permission to reproduce photographs:

Cover: Photo Researchers, Inc./Thomas Hollyman

The Picture Cube, Inc./Eunice Harms, p. 4; Photo Researchers, Inc./Thomas Hollyman, p. 7; Corbis-
Bettmann, pp. 8(left), 11(top), 22 (center); The Granger Collection, pp. 8(center), 10; UPI/Corbis-
Bettmann, pp. 9, 11(bottom), 15, 16, 19, 20, 21; Life Magazine/Howard Sochurek, p. 12; AP/Wide
World, pp. 13, 14, 17, 18, 22(left), 25, 26(all); Black Star/Charles Moore, p. 24; Photo Edit/Myrleen
Ferguson, p. 28; Photo Edit/Nancy Sheehan, p. 29.

Every effort has been made to contact copyright holders of any material reproduced in this book.
Any omissions will be rectified in subsequent printings if notice is given to the publisher.

Unas palabras están en negrita, **así.** Encontrarás
el significado de esas palabras en el glosario.

Contenido

Un nuevo día festivo

¡**E**stos niños están muy contentos! Empieza
un fin de semana largo. El lunes es el Día
de Martin Luther King Jr. y no hay clases.

El Día de Martin Luther King Jr. es el más
nuevo de nuestros días festivos. Se celebró
por primera vez en todo el país en 1986.
Honra a un gran estadounidense.

Dr. Martin Luther King Jr.

El Dr. Martin Luther King Jr. no fue presidente ni general. No comenzó una nueva religión. Pero le dio a nuestro país algo maravilloso.

Nos dio un sueño. Para entender este sueño, necesitas saber cosas que pasaron en nuestro país hace mucho tiempo.

La esclavitud y la Guerra de Secesión

Hace mucho tiempo, los afroamericanos eran **esclavos.** La **Guerra de Secesión** los hizo libres. Pero no les dio **igualdad de derechos.**

No se les permitía votar en muchos
lugares. No podían conseguir buenos
empleos. Muchos los despreciaban por
tener la piel más oscura.

★

Nuevas leyes

Unos estados hicieron leyes para separar a los afroamericanos de otras personas. A esto se le llamó **segregación.** Los afroamericanos no podían comer en los mismos restaurantes que los blancos.

Los afroamericanos no podían casarse
con blancos. No podían sentarse en la
misma parte de un autobús que los blancos.
Hasta tenían que ir a escuelas aparte.

De niño a hombre

Martin Luther King Jr. creció en medio de
la **segregación.** Nació en Atlanta, Georgia,
en 1929. Él quería cambiar muchas cosas.
Pero no quería lastimar a nadie.

El Dr. King era muy religioso. Al terminar la
universidad se hizo **ministro** en Montgomery,
Alabama. También comenzó a estudiar la
sabiduría de Mohandas Gandhi.

★

Sabiduría de Gandhi

Gandhi fue un maestro y líder de India. Creía que el mundo se podía cambiar sin **violencia.** Les pidió a sus seguidores que respondieran al odio con amor.

Gandhi dijo que no debemos obedecer
leyes injustas. Pero tampoco debemos
pelear. El Dr. King quería ensayar ese
modo pacífico de lograr un cambio.

★

Rosa Parks dice "no"

En Alabama, la ley mandaba a los
afroamericanos sentarse en la parte
de atrás del autobús. Un día, en 1955,
una señora llamada Rosa Parks se negó
a hacerlo. La policía la arrestó.

El doctor King dijo que la ley era injusta. Pidió que todos dejaran de viajar en autobús. La compañía de autobús perdió dinero. Y así se logró cambiar la ley.

El suceso de la cafetería

Después cuatro estudiantes afroamericanos se sentaron en un mostrador para blancos de una cafetería de Greensboro, Carolina del Norte. Nadie les sirvió. ¡Pero siguieron sentados por cuatro días! Otras personas se sentaron con ellos para darles **apoyo.**

El Dr. King organizó una **marcha** para
aplaudir a esos estudiantes. Muy pronto,
los afroamericanos dejaron de obedecer
las leyes de **segregación** en muchas partes.
Al Dr. King lo arrestaron por dar esa idea.

Carta desde la cárcel

El Dr. King escribió cartas a periódicos. Explicaba por qué hacía **marchas** contra la **segregación.** Decía que todo ciudadano debía tener los mismos derechos.

Miles estaban de acuerdo con él y fueron a marchas. Hasta los niños iban a marchas. El alguacil de Alabama, Bull Connors, encarceló a muchos niños.

El sueño del Dr. King

En 1963, el Dr. King hizo una **marcha** a Washington, D.C. Allí dio su mejor **discurso.** Habló sobre su sueño.

Dijo que soñaba
con un mundo justo.
Un mundo en que
personas de todos
los colores vivieran
juntas en paz. La
multitud de 250 mil
personas comenzó
a soñar lo mismo.

★
23

Responder al odio con amor

El sueño se extendió por el país. Millones empezaron a trabajar por la **igualdad de derechos.** A veces la policía les pegaba, pero no se defendían con los puños.

Siguieron la regla del Dr. King: responder al odio con amor. Y dio resultado. Poco a poco, la **segregación** acabó. En 1964, nuevas leyes prometieron igualdad de derechos a todos.

La muerte del Dr. King

Cuatro años más tarde, en 1968, un
hombre mató al Dr. King de un disparo.
Millones de personas lloraron. ¿Qué
pasaría con el sueño del Dr. King? ¿Sería
que la bala también mató ese sueño?

El Dr. King fue enterrado. Cuatro días más tarde, el senador John Conyers de Michigan tuvo una idea: un día festivo para **honrar** a Martin Luther King Jr.

Recordar el sueño

El Día de Martin Luther King Jr. comenzó
en 1983. Es el tercer lunes de enero.
Por todo el país nos reunimos a recordar
el sueño del Dr. King.

Es un buen día para comenzar a vivir ese sueño.
Es un buen día para acercarnos a otros y hacer
nuevos amigos.

Fechas importantes

Día de Martin Luther King Jr.

1518	Comienza el comercio de esclavos africanos
1865	La Guerra de Secesión termina la esclavitud en el país
1865–1900	Los estados del Sur ponen leyes de **segregación**
1929	Nace Martin Luther King Jr.
1954	El Dr. King se hace **ministro**
1955	Rosa Parks causa el **boicot** de autobuses en Montgomery
1960	Estudiantes negros se sientan en cafetería en Greensboro, N.C.
1963	El Dr. King es arrestado en Birmington, Alabama
1963	El Dr. King da su mejor **discurso** en Washington, D.C
1964	Se aprueba la Ley de Derechos Civiles
1965	Se aprueba la Ley del Derecho al Voto
1968	Matan al Dr. King
1983	El Congreso declara el Día de Martin Luther King Jr.
1986	El Día de Martin Luther King Jr. se celebra en el país

Glosario

apoyo ayudar a alguien o estar de acuerdo con esa persona

boicot dejar de comprar o de usar un producto o servicio

discurso palabras dadas a una multitud de personas

esclavos personas que le pertenecen y le sirven a alguien

Guerra de Secesión guerra entre los estados del Norte
y del Sur de los Estados Unidos (1861–1865)

honrar mostrar respeto hacia alguien

igualdad de derechos cuando todos son tratados del
mismo modo

marcha manifestación de muchas personas que caminan juntas

ministro líder de una iglesia

segregación leyes que separan a gente de distinto color de piel

violencia usar la fuerza para obtener algo

Más libros para leer

Un lector bilingüe puede ayudarte a leer estos libros:

Lowery, Linda. *Martin Luther King Day*. Minneapolis, Minn:
Lerner Publishing Group, 1987.

MacMillan, Diane. *Martin Luther King, Jr.* Springfield, NJ:
Enslow Publishers, 1992.

Roop, Peter and Connie. *Martin Luther King Jr.* Des Plaines, Ill:
Heinemann Library, 1997.

Índice

★